Des idées top secret

ART ATTACK 3 ™

avec

Neil Buchanan

imagine

imagine

www.editionsimagine.com

Conception éditoriale Penelope York
Conception artistique Jacqueline Gooden
Conception maquette Jim Copley
Photographies Steve Gorton, Gary Ombler
Direction éditoriale Mary Ling
Direction artistique Rachael Foster
Fabrication Orla Creegan
Conception PAO Almudena Díaz

Édition originale publiée en Grande-Bretagne en 2000
par Dorling Kindersley Limited, 9 Henrietta Street, London WC2E 8PS

La traduction française a été réalisée par
FRANKLAND PUBLISHING SERVICES LTD
Montage : Thierry Blanc • **Couverture :** Pitchall & Gunzi Ltd
Traduction : Céline Carez

Catalogage avant publication de Bibliothèque et Archives Canada
Buchanan, Neil
Art attack
Traduction de : Art attack.
Comprend un index.
Pour les jeunes de 6 à 12 ans.

ISBN 2-89608-000-7 (v. 1) • ISBN 2-89608-005-8 (v. 2) • ISBN 2-89608-027-9 (v. 3)
1. Artisanat - Ouvrages pour la jeunesse. 2. Recyclage (Déchets, etc.) - Ouvrages
pour la jeunesse. 3. Objets trouvés (Art) - Ouvrages pour la jeunesse. I. Titre.
TT160.B8214 2004   j745.5   C2003-941589-9

Les éditions Imagine inc.
4446, boul. St-Laurent, 7ᵉ étage, Montréal (Québec) H2W 1Z5
ISBN 2-89608-027-9
Dépôt légal : Bibliothèque nationale du Québec, 2005
Imprimé et relié en Chine par Toppan Printing Centre
10 9 8 7 6 5 4 3 2

Dorling Kindersley souhaite remercier
Media Merchants pour leur aide et leur enthousiasme.
Remerciements : Mark Haygarth pour le design de la couverture
et Andy Crawford pour les photographies.

SOMMAIRE

SALUT LES ARTISTES !

M e voici de retour pour de nouvelles activités top secret ! Ce livre est plein d'idées géniales et de fabuleux trésors à fabriquer toi-même : coffre de pirates, cartes secrètes, matériel d'espionnage, fausses araignées repoussantes pour éloigner les curieux, et bien d'autres choses encore. Tous ces projets sont très simples à réaliser, mais attention : ils sont ultraconfidentiels ! Alors arme-toi de scotch tape, de peinture, de feuilles de papier et de bouts de carton, et... à l'attaque !

Neil Buchanan

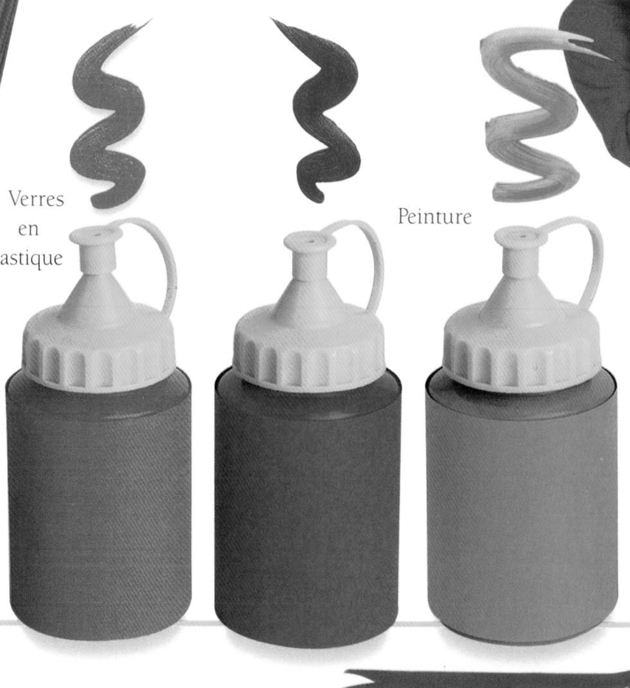

Feuille cartonnée de couleur

Carton épais
Film alimentaire

Carton de boîtes de céréales

Pinceaux

Crayons de couleur

Brillants

Feutres de couleur

Verres en plastique

Peinture

Ruban

Journaux

Bouteille en
plastique

Papier cadeau

Petites
boîtes

Rouleau de scotch tape

Sacs à ordures

Bâton
de colle

Balles de ping-pong

Ciseaux★

! **Monsieur Bricolo**
Monsieur Bricolo se
manifeste avec ce
grand point d'excla-
mation. Il t'aide dans
tes projets et te donne
des conseils judicieux.

Attention
★ Utilise les marqueurs
dans un endroit aéré.
Ouvre les fenêtres.

★ Fais bien attention en
manipulant colle et
outils pointus.

★ Demande toujours la
permission à un adulte
avant de te lancer dans
un projet.

Les « rois du recyclage »

Il y a des dizaines de choses à récupérer
parmi les objets que ta famille jette :
des vieilles boîtes, des rouleaux de
papier de toilette, du papier cadeau...
Ouvre l'œil !

Crayons
de cire

Feutres marqueurs
dorés et argentés★

Feutre marqueur★

Le produit indispensable

Pour réaliser les projets, il
faut préparer toi-même un
mélange épais de colle
blanche et d'eau. Il faut
mettre deux fois plus de
colle blanche que d'eau.

Deux
cuillerées
de colle blanche

Une
cuillérée
d'eau

Mélange
de colle

TA GARDE PRIVÉE

Si tu veux protéger ta chambre des regards indiscrets, il te faut des gardes qui assureront ta surveillance !

Fabrication

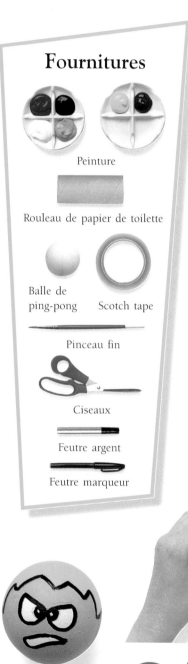

Fournitures

Peinture

Rouleau de papier de toilette

Balle de ping-pong

Scotch tape

Pinceau fin

Ciseaux

Feutre argent

Feutre marqueur

Attention aux ciseaux pointus !

Serre le rouleau pour obtenir la bonne taille.

1 Pour fabriquer ton garde, il faut un rouleau de papier de toilette (ou un tube de bonbons ou un petit flacon en plastique fin). Coupe-le en deux sur la largeur et encore une fois sur la longueur.

2 Le tube ne doit être ni trop petit ni trop grand – environ 2,5 cm de diamètre – pour pouvoir tenir la balle de ping-pong qui fera la tête. Roule-le puis scotche-le.

Tu n'as pas besoin de dessiner un visage trop compliqué.

Attention aux bavures de peinture ! Tiens le garde bien droit.

Utilise de la peinture acrylique pour le visage.

3 Sur la balle, dessine au marqueur la tête de ton bonhomme. Donne-lui des expressions terribles et amusantes ! Peins le visage couleur chair.

4 Pour l'uniforme du garde, peins le tube en bleu avec une encolure en forme de V. Utilise de la peinture acrylique. Une fois sec, ajoute les détails au marqueur.

Code secret

Pour être bien entouré et protégé, mieux vaut avoir plusieurs gardes ! Fabriques-en trois. Comme te le montre la photo, donne-leur un vrai matricule : nos 1, 2, 3. Organise-les avec un chef de sécurité qui change de tête tous les jours et donne-leur un code comme A-2, B-3 et C-1.

Sécurité…

Trace les lettres A, B ou C au marqueur noir sous la balle. Quand les têtes seront posées sur les corps, les lettres auront disparu.

… infaillible

Dessine-leur un numéro sur la manche. Utilise un feutre argent puis repasse délicatement sur le contour avec un feutre noir.

Chaque jour, pour plus de sécurité, marque sur un petit carnet caché le code de tes gardes. Attention à ne pas le divulguer !

C'est plus amusant si tu dessines trois visages différents.

L'uniforme – chemise blanche, cravate et costume – leur donne un air sérieux.

Dessine des boutons et un insigne avec un feutre argenté.

Pour le visage, entraîne-toi d'abord sur du papier avant de peindre la balle.

HAUTE SÉCURITÉ

Maintenant que tu as tes gardes avec leur code ultrasecret, ta chambre est bien gardée ! Mais avec un peu d'imagination, tu peux créer d'autres créatures encore plus amusantes !

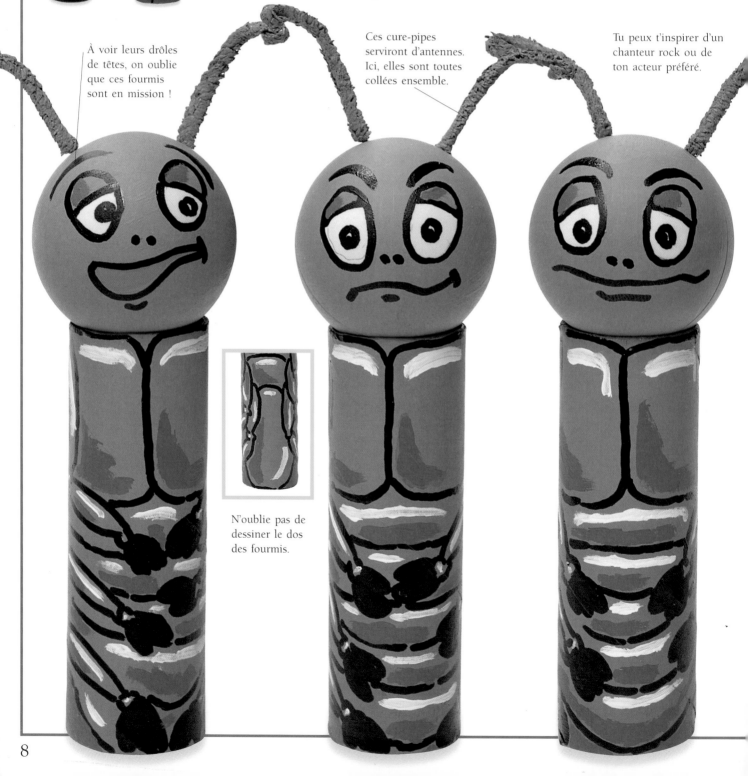

À voir leurs drôles de têtes, on oublie que ces fourmis sont en mission !

Ces cure-pipes serviront d'antennes. Ici, elles sont toutes collées ensemble.

Tu peux t'inspirer d'un chanteur rock ou de ton acteur préféré.

N'oublie pas de dessiner le dos des fourmis.

Le piège

Voici un moyen infaillible de détecter les imposteurs et les ennemis : glisse à l'intérieur de ta chambre, juste devant ta porte, tes gardes en faction bien alignés. Referme la porte doucement. Note sur ton carnet caché la combinaison des têtes. Si les gardes sont tombés et si le code a changé, le piège a fonctionné. Attention à ne pas les renverser toi-même en rentrant dans ta chambre !

Si l'ennemi ouvre la porte, tes gardes vont tomber. Il ne pourra pas remettre les têtes dans le bon ordre sans connaître le code.

Les petits détails comme les rayures du pantalon du soldat font très sérieux. Peins les mains de la même couleur que les visages.

La relève de la garde

Voici une garde très professionnelle ! Tu peux en faire tout un régiment, si cela te plaît. Attention à celui qui va se faire prendre la main dans le sac par ces sérieux soldats en uniforme rouge !

Pour les bonnets, trempe des boules de coton dans le mélange de colle, laisse sécher, puis peins-les en noir.

! **Monsieur Bricolo**
N'oublie pas de noter dans ton carnet caché les codes de tes gardes en mission.

Version mafia

Avec leurs lunettes noires et leur air méchant, ces individus à l'air louche sont parfaits pour tendre un piège ! Quand ils ne sont pas en service, tu peux leur accorder un repos mérité sur une étagère de ta chambre.

COFFRE DE PIRATES

Pourquoi ne pas offrir ce superbe coffre de pirates ? Tu peux y cacher un trésor ou une carte secrète, comme celle présentée aux deux pages suivantes.

Fournitures

Boîte à chaussures

Carton, boîte de céréales et journaux

Papier de toilette

Mélange de colle

Scotch tape

Peinture

Ciseaux

Pinceau

Feutre marqueur

Feutre argent

Fabrication

Scotche un couvercle en arc sur le couvercle de la boîte à chaussures.

Scotche les deux côtés en carton au couvercle.

1 Pour le couvercle, découpe le devant d'une boîte de céréales. Recourbe-la sur le couvercle de la boîte à chaussures. Découpe ce qui dépasse. Fixe le tout avec du scotch tape.

2 Pose le couvercle sur le carton. Trace le contour de l'ouverture en demi-cercle pour les deux côtés ouverts. Puis découpe ces formes et scotche-les au couvercle.

! **Monsieur Bricolo**
Il vaut mieux tapisser l'intérieur de la boîte de papier journal ; cela donnera de l'épaisseur aux parois et consolidera le coffre.

3 Passe une couche de mélange de colle sur la boîte et le couvercle. Tapisse-les de papier journal. Remets-en deux couches. Attention : couvre bien toute la surface.

4 Une fois le tout sec, ajoute les détails au feutre marqueur. Un coffre ancien a des ferrures et une grosse serrure. Inspire-toi de la photo pour faire les décorations en 3D !

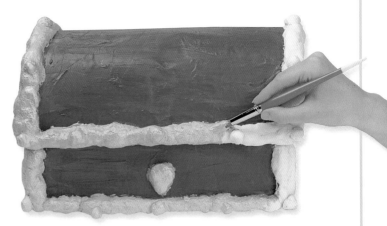

5 Trempe des morceaux de papier de toilette dans le mélange de colle. Égoutte-les pour enlever le surplus. Applique-les sur les ferrures que tu as dessinées. Pour éviter de coller le couvercle à la boîte, sépare-les. Vérifie si le couvercle est de la bonne taille. Laisse sécher toute une nuit.

6 Peins le coffre avec de la gouache ou de la peinture acrylique. Commence par peindre la couleur de base. Puis attaque-toi aux détails. La peinture dorée est idéale pour les ferrures et la serrure. Si tu n'en as pas, tu peux les peindre en jaune.

En avant les pirates !

Maintenant que ton coffre est terminé, il ne te reste plus qu'à cacher la carte au trésor ! Tu y indiqueras d'une croix l'emplacement secret du trésor. Pour savoir comment faire une vraie carte au trésor, rendez-vous page suivante !

Emballe les cadeaux avant de les mettre dans le coffre.

Quand le coffre est sec, ajoute les finitions avec le feutre argenté.

Tu peux dessiner les rainures du bois avec un feutre noir.

Chasse au trésor

Emballe des petits cadeaux. Place-les dans le coffre et... cache-le bien. La chasse au trésor est ouverte ! C'est tellement plus amusant de recevoir d'abord la carte au trésor, puis de dénicher le coffre de pirates rempli de cadeaux !

CHASSE AU TRÉSOR

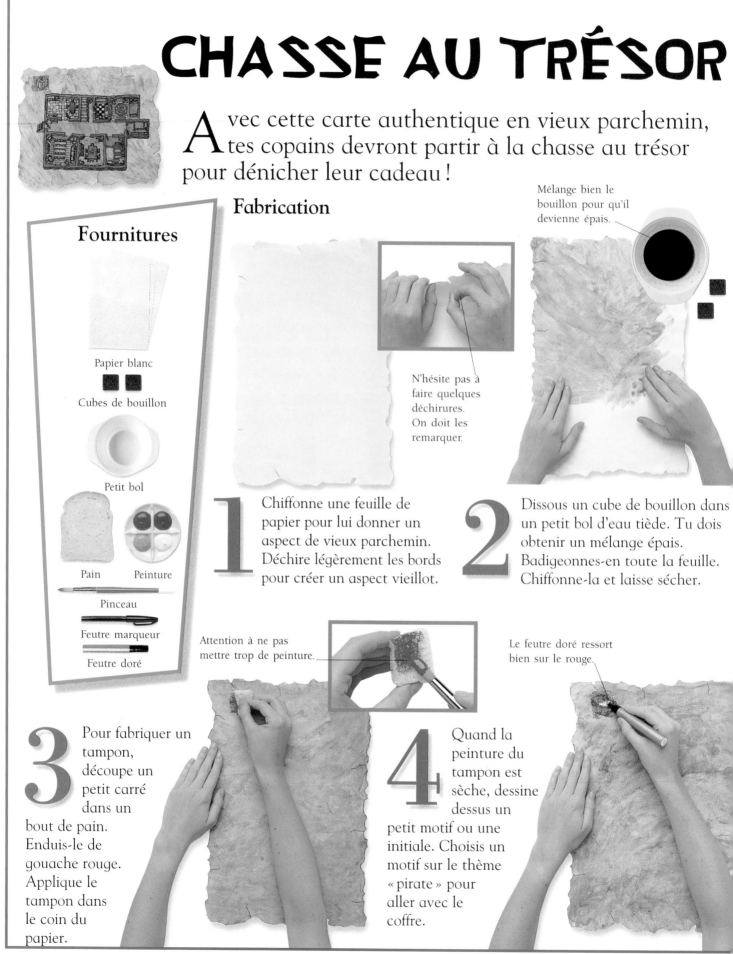

Avec cette carte authentique en vieux parchemin, tes copains devront partir à la chasse au trésor pour dénicher leur cadeau !

Fabrication

Fournitures

Papier blanc

Cubes de bouillon

Petit bol

Pain   Peinture

Pinceau

Feutre marqueur

Feutre doré

Mélange bien le bouillon pour qu'il devienne épais.

N'hésite pas à faire quelques déchirures. On doit les remarquer.

1 Chiffonne une feuille de papier pour lui donner un aspect de vieux parchemin. Déchire légèrement les bords pour créer un aspect vieillot.

2 Dissous un cube de bouillon dans un petit bol d'eau tiède. Tu dois obtenir un mélange épais. Badigeonnes-en toute la feuille. Chiffonne-la et laisse sécher.

Attention à ne pas mettre trop de peinture.

Le feutre doré ressort bien sur le rouge.

3 Pour fabriquer un tampon, découpe un petit carré dans un bout de pain. Enduis-le de gouache rouge. Applique le tampon dans le coin du papier.

4 Quand la peinture du tampon est sèche, dessine dessus un petit motif ou une initiale. Choisis un motif sur le thème « pirate » pour aller avec le coffre.

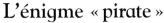

L'énigme « pirate »

Le copain (ou la copine) qui va recevoir ce message va sûrement se poser des questions. Seul indice, le « X » marquant l'emplacement du trésor. À lui (ou à elle) de chercher. Mais chut ! Ne dis rien.

Jeu de piste

Pour que ta carte soit précise, fais d'abord un repérage sur le terrain. Puis dessine une grande carte. Ajoute des indices ; ce sera encore plus amusant.

Utilise de belles couleurs vives.

Pense à badigeonner de bouillon le recto et le verso du papier pour que la carte soit bien uniforme des deux côtés.

Ajoute des petits dessins comme ce galion.

Sur la carte, transforme ta maison et ta cour en une île au trésor.

Comme au bon vieux temps

Pour que ta carte ait l'air d'un authentique parchemin, enroule-la et ajoutes-y un beau ruban rouge.

Si c'est un anniversaire, rien ne t'empêche d'y attacher une petite carte.

5 Maintenant, dessine la carte. Décide de l'emplacement du coffre au trésor. Puis dessine quelques indices : des repères comme les arbres, la maison ou une cabane.

6 Une fois le dessin au feutre terminé, peins à la gouache en utilisant de belles couleurs. Assure-toi que le « X » est placé au bon endroit sur la carte.

PIÈGE À CURIEUX

Pour en finir avec les curieux qui rentrent dans ta chambre, voici un piège d'enfer. L'ennemi sera enfin neutralisé !

Fabrication

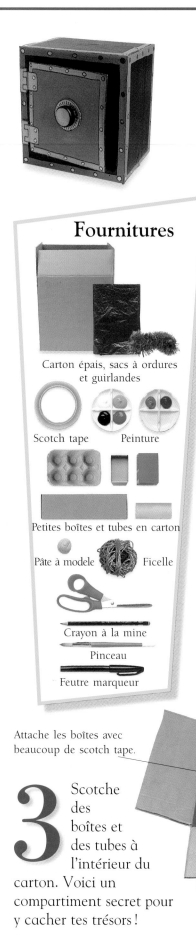

Fournitures

Carton épais, sacs à ordures et guirlandes

Scotch tape   Peinture

Petites boîtes et tubes en carton

Pâte à modele   Ficelle

Crayon à la mine

Pinceau

Feutre marqueur

Pour percer un trou, il est plus prudent de mettre une petite boule de pâte à modeler de l'autre côté du carton avant d'utiliser la mine d'un crayon.

Attention ! Le trou doit être exactement de la taille de ton poing, sinon des intrus essaieront d'y entrer.

1 Scotche solidement le fond d'un gros carton en prenant soin de laisser le haut ouvert. Ferme la main et dessines le contour de ton poing sur un des côtés du carton.

2 Perce un trou au centre du cercle obtenu avec la mine d'un crayon. Découpe le cercle en faisant bien attention à ce qu'il ne soit pas plus gros que ton poing.

Attache les boîtes avec beaucoup de scotch tape.

Lorsque tu rabattras le couvercle, tout pendra à l'intérieur juste derrière le trou.

3 Scotche des boîtes et des tubes à l'intérieur du carton. Voici un compartiment secret pour y cacher tes trésors !

4 Scotche à l'intérieur du rabat les guirlandes, des bouts de ficelle et les sacs à ordures chiffonnés. Voilà le piège !

Dessine un monstre horrible et effrayant.

Mets un peu de colle aux endroits scotchés pour que la peinture adhère.

5 Ferme le couvercle avec beaucoup de scotch tape. Sur le carton, dessine un monstre avec le feutre. Utilise le trou pour faire la bouche.

6 Peins le monstre à la gouache en utilisant des couleurs vives, comme le rouge et le vert. Pour les dents, utilise du blanc.

Dans la gueule du monstre

Cette boîte n'est adaptée qu'à la taille de ton poing. Si l'ennemi a l'idée saugrenue de s'y aventurer, il aura une mauvaise surprise !

Qui prendra le risque de s'aventurer dans la gueule du monstre ?

Les yeux globuleux sont faits avec des balles de ping-pong.

Les dents de la mer

Ce requin terrifiant à la mâchoire féroce mettra en fuite tous tes ennemis ! Voilà qui est parfait pour garder tes petits secrets !

BOÎTE AUX LETTRES

Si ton bureau est souvent en désordre, il te faut cette boîte aux lettres très spéciale. Elle te permettra de cacher tous tes petits trésors.

Fabrication

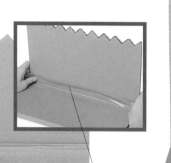

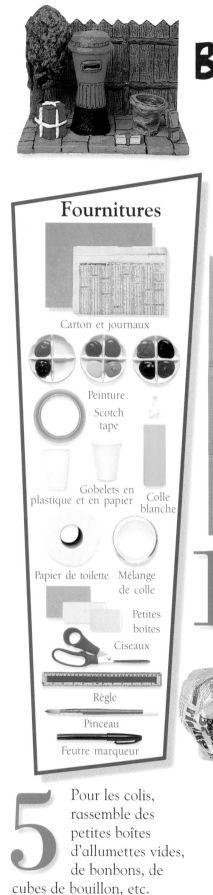

Fournitures

Carton et journaux

Peinture

Scotch tape

Gobelets en plastique et en papier

Colle blanche

Papier de toilette

Mélange de colle

Petites boîtes

Ciseaux

Règle

Pinceau

Feutre marqueur

Redresse la partie du haut et scotche-la soigneusement.

1 Divise un carton en trois parties égales. Pour cela, sers-toi de la règle. Coupe le haut du carton en zigzag. Rabats la partie du bas sur celle du milieu et colle-la.

2 Pour faire le sac postal, sers-toi d'un gobelet en plastique. Écrase-le pour qu'il ressemble à un sac, puis scotche-le.

Couvre le couvercle de colle séparément.

5 Pour les colis, rassemble des petites boîtes d'allumettes vides, de bonbons, de cubes de bouillon, etc. Scotche-les au socle. Attention, ne les ferme pas !

6 Recouvre les objets et le socle du mélange de colle. Tapisse le tout de morceaux de papier de toilette. Laisse les boîtes ouvertes.

Scotche les deux cercles de carton ensemble. Recouvre le plus grand de papier journal. Mets-les de côté.

Fais un boudin de papier très serré pour le tronc.

Pour avoir une plus grande boîte aux lettres, enlève le fond des gobelets avant de les attacher au socle. Demande à un adulte de t'aider.

3 Colle ensemble par leur fond deux gobelets en papier. Scotche-les sur la base de carton. Pour fabriquer un couvercle, découpe un cercle en carton de la taille de l'ouverture du gobelet. Découpes-en un deuxième d'un demi-centimètre plus petit.

4 Pour le tronc d'arbre, roule un boudin de papier journal et maintiens-le avec du scotch tape. Colle-le au socle. Pour le feuillage, fais une boule de papier et de scotch tape. Attache-la au tronc.

Dessine tous les détails au feutre marqueur.

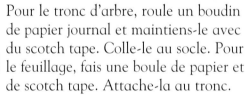

7 Pour donner une dimension 3D à la boîte aux lettres, l'arbre, la clôture et les colis, trempe des bouts de papier de toilette dans le mélange de colle, puis fixe-les là où tu souhaites créer un effet de volume.

8 Laisse sécher puis peins la scène avec des couleurs vives. Utilise de la gouache ou de la peinture acrylique. Peins la boîte aux lettres en rouge vif et la clôture en brun.

SUPER CACHETTE

Voici un moyen très original de cacher tes petits trésors... parmi les crayons et les trombones !

Top secret

Quand la peinture est sèche, fais les finitions au feutre marqueur noir. Mets tous tes crayons et tes pinceaux dans la boîte aux lettres pour que personne ne se doute qu'elle dissimule tes secrets.

Peins le feuillage de l'arbre.

Pour tromper les curieux, le couvercle de la boîte aux lettres doit donner l'impression qu'il est collé !

Dessine les détails du bois de la clôture au feutre noir.

Tu peux aussi utiliser la boîte aux lettres comme pot à crayons.

Chaque chose à sa place

Maintenant, ta super cachette te permet de ranger toutes tes fournitures de bureau. Adieu le fouillis ! Mais surtout, tu peux y cacher tes petits trésors tout en éloignant les curieux !

Les petits colis cacheront tes petits trésors.

Dessine les couleurs de l'arc-en-ciel dans le bon ordre.

Dessine et peins des pavés gris comme dans une vraie allée.

Arc-en-ciel

Tu peux réaliser des modèles plus simples. Cet arc-en-ciel est conçu à partir d'une boîte de céréales. Le chaudron d'or et les lingots sont très faciles à fabriquer.

Pour les lingots, utilise de la peinture dorée ou un feutre doré.

Opération sauvetage

Tu peux organiser ta table de chevet avec différentes scènes de ton choix. À l'une des fenêtres de cette scène de sauvetage du chat par les pompiers, il y a un réveil. La maison est faite à partir d'une boîte de céréales. Tu peux même poser un verre d'eau sur le rouleau de la lance à incendie. Et le top du top, c'est le coffre-fort caché sous l'échelle du camion-citerne !

Assure-toi que le réveil s'encastre bien dans cette maquette.

L'échelle est en carton. Le bac des pompiers est une boîte d'allumettes.

La lance à incendie est un boudin de papier journal.

DRÔLE DE TUBE

Est-ce que des petits coquins ont mangé tous tes bonbons ? Voici la solution : un faux tube de peinture ! Tes friandises seront… introuvables.

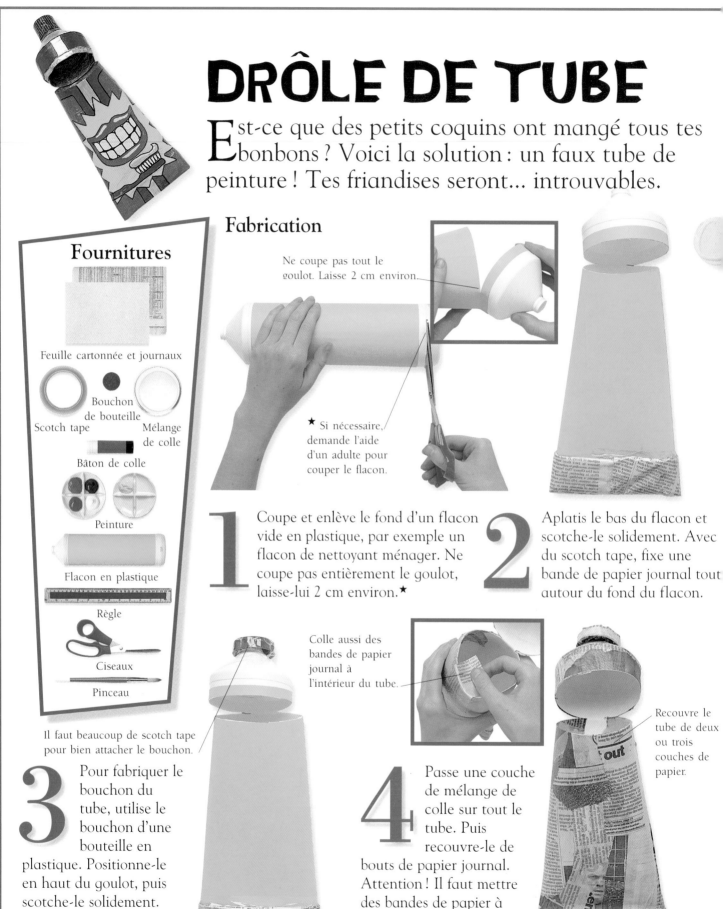

Fournitures

Feuille cartonnée et journaux

Scotch tape

Bouchon de bouteille

Mélange de colle

Bâton de colle

Peinture

Flacon en plastique

Règle

Ciseaux

Pinceau

Fabrication

Ne coupe pas tout le goulot. Laisse 2 cm environ.

★ Si nécessaire, demande l'aide d'un adulte pour couper le flacon.

1 Coupe et enlève le fond d'un flacon vide en plastique, par exemple un flacon de nettoyant ménager. Ne coupe pas entièrement le goulot, laisse-lui 2 cm environ.★

2 Aplatis le bas du flacon et scotche-le solidement. Avec du scotch tape, fixe une bande de papier journal tout autour du fond du flacon.

Colle aussi des bandes de papier journal à l'intérieur du tube.

Recouvre le tube de deux ou trois couches de papier.

Il faut beaucoup de scotch tape pour bien attacher le bouchon.

3 Pour fabriquer le bouchon du tube, utilise le bouchon d'une bouteille en plastique. Positionne-le en haut du goulot, puis scotche-le solidement. Voilà ton tube de peinture !

4 Passe une couche de mélange de colle sur tout le tube. Puis recouvre-le de bouts de papier journal. Attention ! Il faut mettre des bandes de papier à l'intérieur du tube, comme le montre la photo.

Ce petit tube est en fait un maxi-paquet de bonbons.

Écran total
Voici une crème solaire qui va dérouter plus d'un gourmand !

Passe une couche de mélange de colle sur la peinture. Une fois sec, ton tube brillera.

Miam, miam !
Maintenant, tes bonbons sont en sécurité ! Tes amis ne devineront jamais que ce tube de peinture est... chut !

Super malin
Ce tube de dentifrice est aussi une excellente cachette ! À toi de choisir ton motif.

Utilise un feutre argent pour un effet gris métallisé.

Ne t'inquiète pas si la bande est trop longue.

La moitié de la bande doit dépasser du tube.

N'oublie pas de peindre la bande qui dépasse du tube.

5 Dans une feuille cartonnée, coupe une bande large de 3 cm. Badigeonne-la de colle. Positionne la bande à l'intérieur du tube et colle-la tout autour.

6 Peins d'abord le tube d'une couleur de base. Laisse sécher. Ensuite, décore-le. À toi de choisir si tu veux faire un tube de peinture ou autre chose.

CLUB SECRET

Es-tu membre d'un club secret ? Si oui, ce macaron est indispensable ! Il deviendra l'insigne de ton club ! Mais... motus et bouche cousue !

Fabrication

Glisse une bande de scotch tape dans l'épingle pour la coller.

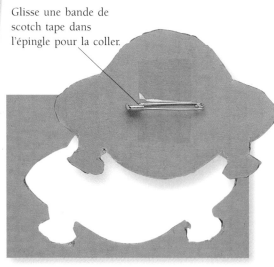

Fournitures

Carton

Scotch tape
Épingle de sûreté
Peinture

Papier de toilette
Mélange de colle

Ciseaux

Pinceau

Feutre marqueur

1 Sur du carton, trace le contour du macaron avec un feutre. Découpe-le puis scotche une épingle de sûreté au dos. Tu dois pouvoir l'ouvrir.

2 Couvre le dos du macaron de mélange de colle puis de papier de toilette, sans couvrir l'épingle. Laisse sécher, puis découpe le macaron.

Égoutte la pâte avant de l'appliquer sur le macaron.

3 Trempe des petits bouts de papier de toilette dans le mélange de colle. Colle cette pâte sur le macaron pour donner un aspect 3D. Étale-la du bout des doigts.

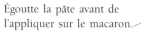

Utilise des couleurs vives.

4 Le macaron va durcir en séchant. Dessine alors le motif au feutre. Puis peins-le avec de la gouache ou de la peinture acrylique.

Code secret

C'est chouette d'être membre d'un club secret. La règle est que chaque membre doit porter le macaron. C'est idéal pour se reconnaître et ce sera un honneur de le porter lors des réunions secrètes !

Les reflets sur les hublots sont dessinés au feutre noir.

Ne fabrique pas de trop grands macarons. Ils seraient trop lourds.

La peinture argent donne un aspect brillant.

Bienvenue au club

Si tu n'es pas encore membre d'un club secret, pourquoi ne pas en fonder un avec tes amis ? Réunissez-vous d'abord pour choisir le logo du macaron, quelque chose de simple et fort avec de belles couleurs.

Ce macaron pourrait être celui d'un club qui s'intéresse aux éclipses.

Tu peux ajouter un détail particulier pour le macaron du président du club.

Super confidentiel

Attention ! Seuls les membres du club connaîtront la signification du macaron. Elle ne doit être divulguée sous aucun prétexte !

AGENT 007

A s-tu déjà pensé à devenir agent secret ? Si oui, ce masque te permettra de te déguiser, de passer incognito et de faire des filatures !

Fabrication

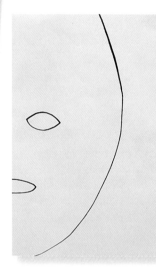

Dessine le haut de la tête en haut du carton.

1 Plie en deux une feuille de format 8,5 x 11. Dessine à partir du pli la moitié d'un visage de la même taille que le tien. Répète ce dessin de l'autre côté, puis découpe-le.

Reproduis cette forme pour faire un col à ton agent secret.

Le col

La visière du chapeau

Colle la visière sur le masque au-dessus des yeux.

2 Sur un carton renversé, positionne le masque en haut en plaçant le milieu du visage sur l'angle. Traces-en le contour et découpe-le.

3 Pour faire les traits du visage en 3D, fabrique une pâte en trempant du papier de toilette dans du mélange de colle. Égoutte la pâte, puis applique-la sur les sourcils, le nez et la bouche.

4 Pour fabriquer la visière du chapeau, mets le masque à plat sur du carton. Dessine une visière en forme de V coïncidant avec le front. Dessine l'autre côté en arc de cercle. Enfin, dessine sur un autre carton un col qui doit être un peu plus grand que la largeur du masque. Découpe les deux pièces et colle-les.

Pour donner un grain de peau au visage, tu peux le couvrir de papier de toilette et de mélange de colle avant de le peindre.

5 Une fois sec, peins le masque de la même couleur que celle de ton bras. Commence par mélanger les couleurs par petites quantités jusqu'à ce que tu obtiennes la bonne teinte.

Replie le col.

Tes yeux seront très inquiétants à travers ce masque.

Pour une barbe et une moustache en 3D, utilise du papier de toilette trempé dans le mélange de colle.

Les yeux, les coutures de la veste et les finitions se font au feutre.

Z comme Zorro
Tu peux t'inspirer de tous les héros mystérieux pour ton masque. Ce Zorro est parfait !

Agent 007
Grâce à ce masque, te voilà devenu agent des services secrets. Entraîne-toi ! Commence par prendre en filature un membre de ta famille. Attention ! Un bon espion ne se fait jamais remarquer !

SECRET DE CŒUR

Voici un cadre ultrasecret qui te permettra de garder la photo de ton petit ami ou de ta petite amie à l'abri des regards indiscrets.

Fabrication

Écris un «S» dans la troisième case.

Fournitures

Feuille cartonnée

Peinture Bâton de colle Photo

Règle

Ciseaux

Crayon

Pinceau

Feutres dorés et argentés

Feutre marqueur

1 Pour fabriquer la flèche du cœur, place la règle sur une feuille cartonnée et dessine le contour avec un crayon ou un feutre.

2 Sépare la bande en trois parties égales, puis divise encore la partie centrale en trois. Écris un «S» dans la troisième case.

Marque l'emplacement du carré rouge sur le cœur.

N'oublie pas de peindre en rouge la case à gauche de la photo.

Colle la photo avec un bâton de colle.

3 Dessine et colorie une flèche avec la pointe à un bout, la plume à l'autre. La photo doit être dans la case marquée «S». Peins en rouge la case du milieu. Découpe la flèche.

4 Place la flèche sur une feuille cartonnée. Dessine un cœur tout autour. Trace le contour de la flèche à l'intérieur du cœur.

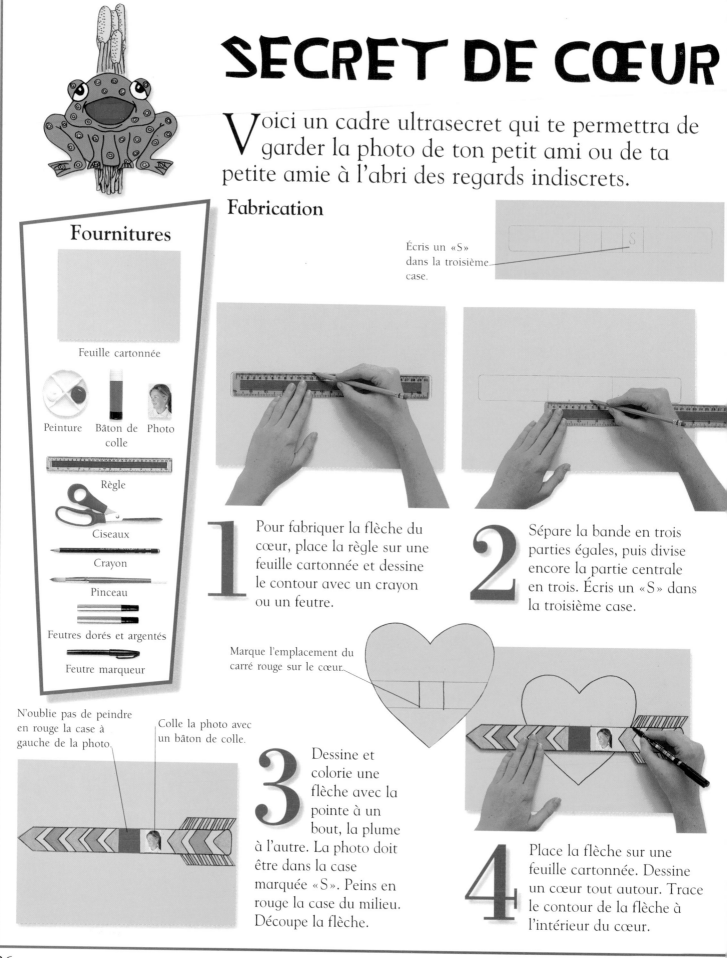

Sésame, ouvre-toi !

Tes amis ne devineront jamais que
le cœur cache en fait la photo
de ta fiancée ou ton fiancé !
Tu est la seule personne
capable de faire réapparaître
ta... douce moitié.

Fais glisser la flèche
et la photo apparaît.

Les roseaux
derrière la
grenouille
remplacent la
flèche du cœur.

Croa, croa !

Attention ! Cette grenouille
cache un portrait. Surprise,
surprise ! À qui vas-tu envoyer
cette jolie bestiole verte ?

Qui est là ?

N'oublie pas la mouche
dans la bouche de la
grenouille.

Il ne te reste plus qu'à
trouver une enveloppe géante
pour y ranger ton cœur.

Abracadabra...

Quand la photo est cachée, la petite case
rouge se confond dans le rouge du cœur.
Personne ne devinera ton secret de cœur !

Si la flèche passe
difficilement, agrandis les
fentes avec les ciseaux.

Glisse doucement la
flèche dans le cœur.

Ces lignes
doivent être
fendues.

5 Découpe le cœur, puis découpe
soigneusement de haut en bas les
deux lignes verticales du carré
rouge. Voici les fentes dans
lesquelles tu glisseras la flèche.

6 Peins le cœur du même rouge que la case
de la flèche. Laisse sécher. Glisse la pointe
de la flèche par la fente en passant d'abord
par derrière. Puis fais-la ressortir sur le cœur
et rentre-la de nouveau dessous.

JOURNAL SOUS CLÉ

Tiens-tu un journal intime ? Alors, gare aux indiscrets ! Cette chaîne et ce cadenas protégeront tes secrets.

Fabrication

Fournitures

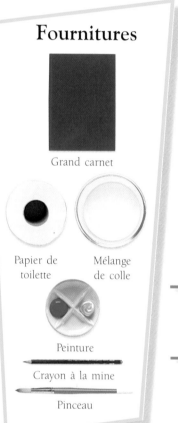

Grand carnet

Papier de toilette

Mélange de colle

Peinture

Crayon à la mine

Pinceau

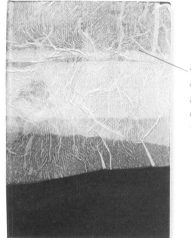

Choisis un carnet avec une couverture rigide.

1 Prends un grand carnet à couverture rigide. Recouvre-le de papier de toilette. Passe dessus une bonne couche du mélange de colle.

2 Quand la couverture est sèche, tu peux la décorer. Dessine au crayon une chaîne et un cadenas ultraverrouillés.

! Monsieur Bricolo
Égoutte la pâte pour enlever l'excès de colle.

3 Prépare ta pâte 3D en trempant des bouts de papier de toilette dans le mélange de colle. Applique-la sur la chaîne et le cadenas, sans déborder.

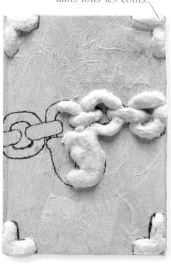

Applique la pâte dans tous les coins.

Il faut lier le cadenas à la chaîne.

4 La pâte 3D va durcir en séchant. Peins-la à la gouache ou à l'acrylique. Peins la chaîne d'une couleur argentée.

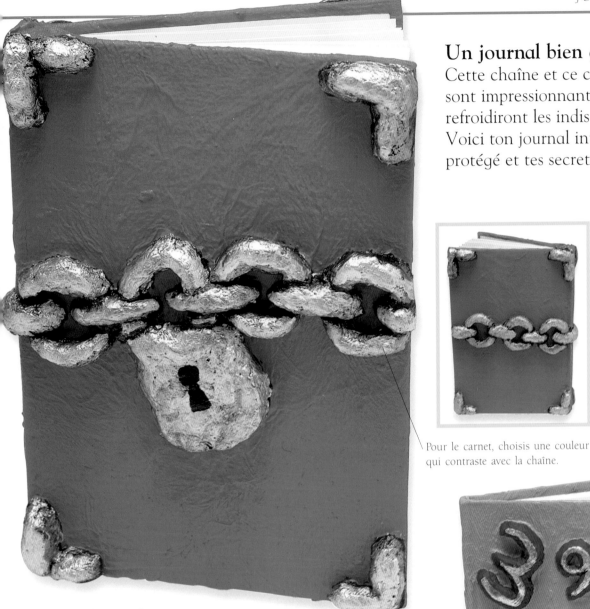

Un journal bien gardé...

Cette chaîne et ce cadenas sont impressionnants et ils refroidiront les indiscrets. Voici ton journal intime bien protégé et tes secrets aussi !

Réaction en chaîne

N'oublie pas de décorer le dos du carnet. On doit croire que la chaîne fait un tour complet !

La peinture argent, c'est chic et choc !

Pour le carnet, choisis une couleur qui contraste avec la chaîne.

Décore la couverture avec ton numéro de téléphone.

Le livre de la jungle

Tous les motifs sont permis. Laisse courir ton imagination. Ton journal intime le mérite et ce carnet tropical peut aussi devenir un carnet botanique avec ce perroquet sur ses gardes.

Utilise la pâte pour réaliser la scène en 3D et peins-la.

Carnet d'adresses

Qui pourrait croire que ce prétendu carnet d'adresses renferme tous tes secrets ? Pour tromper l'ennemi, remplis les premières pages de numéros de téléphone.

TOTEM-CACHETTE

Les vrais totems étaient sculptés dans le bois. Celui-ci est fait à partir d'un rouleau de papier de toilette... et sert de cachette !

Fabrication

Fournitures

Boîte de céréales et carton épais

Peinture

Scotch tape

3 rouleaux de papier de toilette

Papier de toilette

Colle blanche

Mélange de colle

Ciseaux

Pinceau

Feutre marqueur

! **Monsieur Bricolo**

● Tu peux trouver des modèles de totems dans des livres à la bibliothèque de ta ville. Les totems nord-américains sont très variés.

La collerette en carton sert à emboîter les rouleaux.

1 Coupe une bande de 4 cm dans une boîte de céréales. Glisse cette collerette de carton à l'intérieur d'un rouleau de papier de toilette. Colle-la avec de la colle blanche.

Pour le visage, dessine des traits un peu disproportionnés.

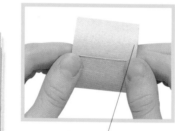

2 Avec un feutre, dessine une tête sur le rouleau. Les vrais totems ont de drôles de têtes. Amuse-toi à inventer un visage bizarre !

Si tu scotches le nez, il faudra utiliser de la peinture acrylique.

3 Fabrique un nez 3D pour que le totem ait l'air d'une sculpture. Découpe-le en forme de losange dans du carton. Plie-le, puis colle-le avec de la colle ou du scotch tape.

Égoutte bien les boules de pâte, qui ne doivent pas être trop molles.

Colle bien les boules de pâte sur le visage.

4 Prépare de la pâte avec du papier de toilette trempé dans le mélange de colle. Applique-la sur le rouleau pour faire en relief les traits du visage. Laisse sécher.

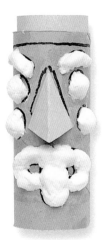

Ne t'inquiète pas si tu mets trop de colle à la base. Une fois sec, cela ne se verra plus

Le socle doit mesurer environ 10 cm sur 10 cm.

5 Laisse sécher le totem toute une nuit. Au matin, son visage sera dur. Tu peux maintenant le peindre.

6 Prends un bout de carton épais pour faire un socle. Passe une bonne couche de colle sur la base du rouleau. Colle-la au socle.

Il faut exagérer la taille et la forme des joues, de la bouche et des yeux.

Peins la collerette à l'intérieur pour que les joints ne se voient plus.

Passe une couche de colle sur la peinture pour obtenir un joli brillant.

Grâce à la collerette, chaque tube s'emboîte bien.

7 Les totems sont habituellement peints dans des teintes très vives. De belles couleurs primaires comme le rouge et le bleu seront parfaites. Renforce les traits du visage avec un feutre noir.

 Monsieur Bricolo
Les trois rouleaux de papier de toilette que tu vas emboîter les uns dans les autres doivent avoir des têtes différentes.

8 Quand tu auras au moins trois tubes décorés, emboîte-les les uns dans les autres. La collerette doit permettre de le faire facilement.

31

Attache solidement les
pièces extérieures,
comme les ailes du
totem.

L'esprit de famille

Aujourd'hui, on croit que
les Indiens d'Amérique
sculptaient des totems pour
représenter les esprits de la
famille. Crée celui de ta
famille avec un rouleau
pour chaque membre!

Pour bien faire
ressortir les yeux,
peins-les en blanc
avec la pupille en
noir.

Ajoute les détails avec
un feutre, comme les
griffes de cet oiseau.

TOTEMS

Maintenant,
il ne te reste
plus qu'à utiliser
ton totem pour y
cacher des documents
ultrasecrets.

Élémentaire, mon
cher Watson!

Ce totem Sherlock Holmes
et Dr Watson est destiné
aux enquêteurs et aux fins
limiers! Entre les mains du
plus célèbre détective, tes
grands secrets seront bien
gardés!

N'oublie pas les
accessoires qui vont avec
les personnages, comme
la pipe et la loupe de
Sherlock Holmes.

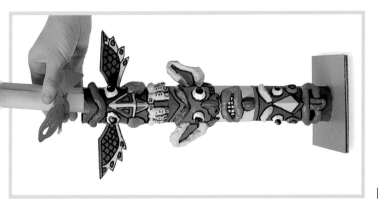

Totem trompeur

Le creux au centre du totem est une cachette idéale pour y mettre tes documents secrets. Plus ton totem est haut, plus tu y cacheras de grandes choses. Tu peux aussi t'amuser à changer l'ordre des rouleaux ! Génial, non ?

Le totem aura fière allure si tu y ajoutes des éléments qui dépassent, comme ces oreilles.

Peins des détails sur le socle correspondant aux personnages, comme des empreintes de pas suspectes.

Peins le socle d'une couleur vive, coordonnée au totem.

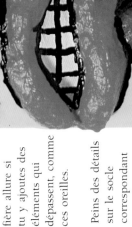

Prévois un totem assez haut pour y cacher tes documents.

Monsieur Bricolo

Ce n'est pas bête de faire un chapeau sur le rouleau du haut : cela évitera d'éveiller les soupçons concernant la cachette à l'intérieur...

Fabrique séparément les bras et les accessoires. Colle-les en dernier.

Jeu, manche et match

Tu peux décorer ce totem de mille façons. Celui-ci est sur le thème du sport. Fabriques-en un qui correspond à ton sport favori ou à l'une de tes activités préférées. À toi de jouer !

33

ÎLE AU TRÉSOR

As-tu déjà rêvé de posséder une île au bout du monde ? Un paradis sous les tropiques ? Eh bien, voilà l'occasion !

Fournitures

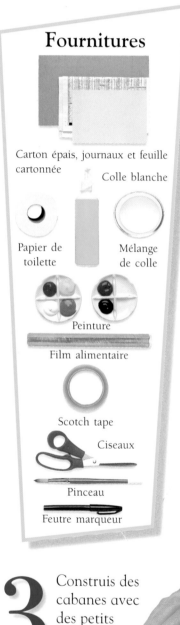

Carton épais, journaux et feuille cartonnée

Colle blanche

Papier de toilette

Mélange de colle

Peinture

Film alimentaire

Scotch tape

Ciseaux

Pinceau

Feutre marqueur

Fabrication

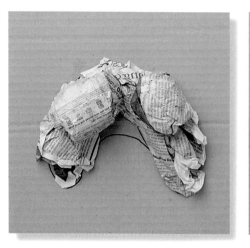

1 Dessine grossièrement au feutre, sur du gros carton, l'emplacement de l'île au trésor. Fais un gros boudin de journal et colle-le.

2 Passe une couche de mélange de colle sur le boudin. Couvre-le de feuilles de papier de toilette. Lisse la surface avec le pinceau.

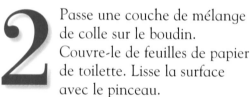

Colle les maisons sur l'île avec de la colle.

3 Construis des cabanes avec des petits bouts de carton épais. Utilise des carrés de carton fin pour le toit. Colle-les ensemble.

4 Colle des boulettes de papier de toilette sur l'île pour faire des arbres. Badigeonne-les avec le mélange de colle, et laisse sécher toute la nuit.

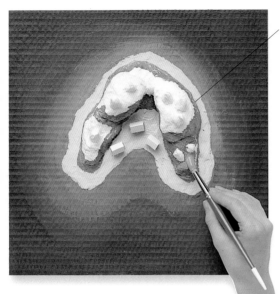

Attention ! N'oublie surtout pas les petits recoins.

Peins les falaises dans un dégradé de gris.

Une fois sec, le film alimentaire redeviendra transparent et la mer miroitera.

5 Quand l'île est devenue sèche et dure, peins-la avec de la gouache ou de la peinture acrylique. Peins un dégradé de bleu pour la mer. Laisse sécher.

6 Déchire en morceaux du film transparent. Passe une couche de mélange de colle sur la mer, puis colle dessus les morceaux de film. Froisse-les pour faire les vagues.

Le paradis !

Cette île est un endroit de rêve avec sa plage de sable jaune et sa mer turquoise. Mais tu peux aussi créer un paradis à ton idée...

Donne de belles couleurs à cette plage paradisiaque.

Les escaliers minuscules sont en carton.

Pirates à l'attaque !

Cette île en forme de tête de mort est le repaire des pirates. C'est là qu'ils préparent leurs attaques et cachent leur butin !

Utilise du papier journal trempé dans de la colle pour créer des grottes sur l'île.

Fabrique ce minuscule galion avec des petits bouts de carton.

Froisse le plastique pour créer de belles vagues.

Bateau à tribord !

Tu peux fabriquer des petits bateaux qui flottent autour de ton île et un phare blanc et rouge pour les guider.

ARAIGNÉES DE SÉCURITÉ

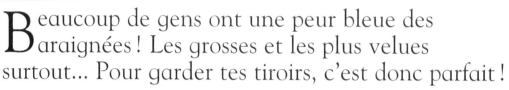

Beaucoup de gens ont une peur bleue des araignées ! Les grosses et les plus velues surtout... Pour garder tes tiroirs, c'est donc parfait !

Fabrication

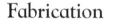

Fournitures

Papier fin blanc, rouge et noir

Colle blanche

Pinceau

Feutre marqueur

Place correctement chaque patte sur le corps avant de laisser sécher.

1 Fais une boule de la taille de ton poing avec une feuille de papier noir. Fais aussi huit fines saucisses de la même couleur.

2 Trempe chaque saucisse dans la colle. Enfonce-les bien dans la boule et colle-les. Laisse sécher.

Enfonce fermement les yeux sur le corps et laisse sécher.

Sers-toi d'un feutre marqueur noir pour dessiner les deux pupilles.

3 Fais deux petites boules de papier blanc pour les yeux. Colle-les avec de la colle à leur emplacement sur la tête. Coupe une langue de forme ovale dans du papier rouge. Colle-la.

4 Attention, saleté assurée ! Passe une couche de colle sur tout le corps de l'araignée. En séchant, la couleur blanche disparaîtra et l'araignée brillera.

Araignée, en garde !

Beurk ! Voilà ton araignée. Il ne te reste plus qu'à l'accrocher. Une belle toile d'araignée blanche et luisante sera parfaite pour cette charmante bestiole... Rendez-vous page suivante !

Découpe-lui de beaux sourcils bien touffus dans du papier noir.

Des crochets blancs et venimeux lui donneront un air terrifiant.

La colle durcit le corps de l'araignée.

Au secours !

Si quelqu'un dans ta famille est terrorisé par les araignées, voilà qui est parfait ! Tu peux être sûr que cette personne ne viendra plus fouiller dans tes tiroirs !

! Monsieur Bricolo

Une fois que tu auras passé une couche de colle, il sera trop tard pour peindre les détails à la gouache. Mieux vaut se décider avant...

Guet-apens

Cette petite araignée jaune a l'air un peu endormie... Mais il ne faut pas se fier aux apparences !

N'oublie pas que les araignées ont huit pattes.

Pour le visage, dessine à la gouache ou au feutre des gros traits exagérés.

Arrière, tarentule !

Tu peux créer toutes sortes d'araignées. Cette grosse araignée rayée rose et noire se fera remarquer dans sa toile.

Si tu ne veux pas que ton araignée garde tes tiroirs, elle peut aussi décorer ta chambre.

TOILES D'ARAIGNÉE

Une araignée sans sa toile blanche et luisante n'est pas une vraie araignée. Voici ce qu'il te faut pour des frissons garantis !

Fabrication

Fournitures

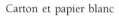

Carton et papier blanc

Sac à ordures

Scotch tape

Colle blanche

Gros marqueur

1 Trace d'abord une grande croix sur la feuille de papier blanc. Puis dessine les rayons et les fils de la toile.

2 Pose une feuille cartonnée sous le dessin, puis place par-dessus une feuille en plastique découpée dans le sac à ordures.

Pour faire un gros trait continu de colle, applique le bec verseur directement sur le dessin.

Si tu découvres un bout de fil sans colle, remets-en de nouveau.

3 Prends un flacon de colle blanche avec un bec verseur. Avec la colle, repasse sur chaque fil de la toile ; la colle doit couvrir tous les fils. Laisse sécher toute la nuit.

4 La toile a durci en séchant. Décolle-la délicatement du plastique, en faisant bien attention à ne pas la casser !

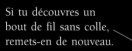

Accroche les pattes
de l'araignée aux
fils de la toile.

Le piège !

Voilà une toile
d'araignée géniale !
Étends-la à un endroit
stratégique : l'araignée
est prête pour son
poste de gardien.
Maintenant, personne
ne s'avisera de
fouiller dans ta
chambre !

Cette toile
verte est
faite d'un
mélange de
peinture
verte et de
colle.

Si tu veux une
toile argentée,
saupoudre-la de
brillants avant
qu'elle ne sèche.

La toile blanche
sèche en quelques
jours et devient
transparente.

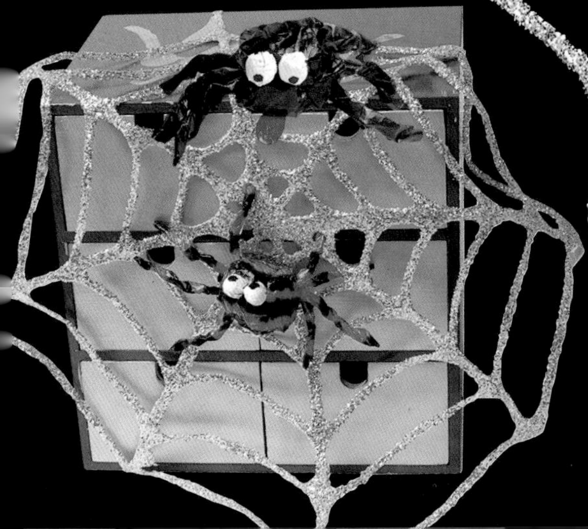

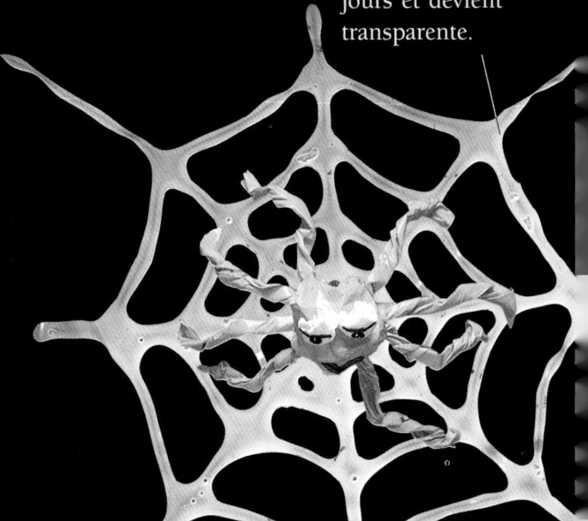

Le tour est joué !

Cette toile terrifiante,
avec sa locataire tout
aussi repoussante, en
fera reculer plus d'un !

SUPER ESPION

Si tu rêves d'être le nouveau James Bond, fabrique cette trousse d'espion avec accessoires et poches secrètes !

Fabrication

Perce deux trous avec la mine d'un crayon en mettant une boule de pâte à modeler de l'autre côté.

Il faut que les panneaux se trouvant sur les côtés aient la moitié de la taille du panneau central. Coupe si nécessaire.

Fournitures

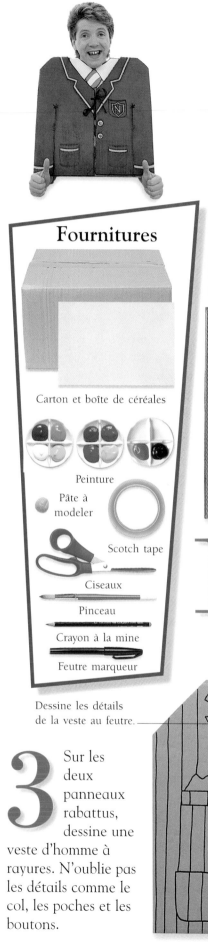

Carton et boîte de céréales

Peinture

Pâte à modeler

Scotch tape

Ciseaux

Pinceau

Crayon à la mine

Feutre marqueur

1 Enlève le couvercle, le fond et un des grands côtés d'un carton. Trace un trait au centre. Égalise les deux côtés pour qu'ils fassent la moitié de la taille du panneau central.

2 Pour la veste, rabats les deux côtés et coupe les angles. Fais une découpe en V au milieu, sur les panneaux de côté.

Chemise hawaïenne et veste : parfait pour un espion en mission.

Dessine les détails de la veste au feutre.

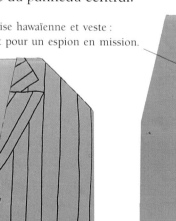

3 Sur les deux panneaux rabattus, dessine une veste d'homme à rayures. N'oublie pas les détails comme le col, les poches et les boutons.

4 Ouvre les panneaux. Dessine une chemise imprimée sur le panneau central. Ajoute une médaille au cou – l'espion pourra y cacher une micro-caméra !

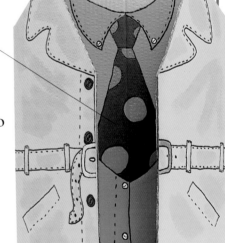

Agent double
Ce déguisement peut se transformer en un dossier ultraconfidentiel. Pour cela, il suffit de glisser un ruban dans les trous.

Cartes et messages secrets sont à l'abri des regards indiscrets dans les poches.

Ajoute une cravate voyante à ta tenue.

Version Columbo
Autre tenue d'espionnage, l'imperméable est aussi un grand classique des services secrets !

Mission 007
Voici ta trousse ! À toi maintenant d'endosser le rôle d'espion... Invente-toi des super gadgets d'espionnage top secret !

Dessine un équipement d'espion : appareil photo, jumelles, etc.

Scotche le fond et les côtés des poches en carton.

 Décore les panneaux intérieurs. Scotche des petits rectangles de carton d'une boîte de céréales pour faire les poches. Tu y cacheras tes ordres de mission.

6 Commence par peindre l'extérieur de la veste à la gouache ou à l'acrylique. Attends que ce soit sec pour peindre l'intérieur.

CHAUVES-SOURIS

Est-ce que des intrus sont encore venus fouiner dans ta chambre ? Tends-leur un piège ! Ces chauves-souris sauront les éloigner !

Fabrication

Les fentes doivent être exactement face à face.

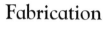

Aplatis et scotche la partie du V.

Fournitures

Carton de boîte de céréales, sac à ordures noir et journaux

Scotch tape   Papier de toilette

Peinture

Rouleau de papier de toilette   Mélange de colle

Ciseaux

Pinceau

Feutre marqueur

1 Trace trois parties égales tout autour du rouleau avec le feutre. Puis, avec les ciseaux, fais deux entailles, face à face, sur les deux tiers de la longueur.

2 Aplatis le côté non fendu du rouleau. Fais une découpe en forme de V sur cette première partie, puis scotche ce V.

Le scotch tape doit maintenir les fentes fermées et les ailes en place.

! **Monsieur Bricolo**
Attention ! Pour équilibrer la chauve-souris, dessine-lui deux ailes de la même taille.

6 Pour faire la tête, fais une boule de papier journal et scotche-la au bout du rouleau. Pour les yeux, colle des boulettes de pâte (papier de toilette + mélange). Découpe les oreilles et les pattes dans du carton.

5 Rentre les ailes dans la fente du rouleau. Enfonce-les dans le corps de la chauve-souris. Centre-les bien sinon la pauvre bête perdra l'équilibre ! Scotche les fentes.

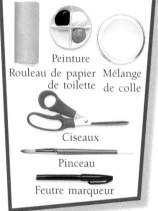

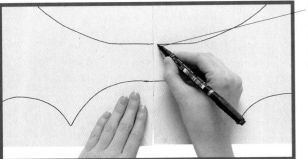

Retire le rouleau
et continue de
dessiner les ailes
en les joignant
au centre.

Scotche les ailes
des deux côtés.

3 Positionne deux cartons de boîte de céréales
côte à côte. Place le rouleau au milieu, avec la
section en V en bas. Repère la section du milieu
et dessine les ailes à partir de ces repères.

4 Découpe soigneusement les deux
ailes de carton séparément.
Mets-les en place, côte à côte,
puis scotche généreusement la
jointure, sans oublier le dos.

N'oublie pas de peindre
le dessous des ailes.

8 Quand la chauve-souris est sèche,
découpe-lui une deuxième paire
d'ailes dans le sac à ordures noir.
Colle-les sur les ailes de carton. Elle
aura ainsi un petit aspect visqueux…

Ce n'est pas grave si le
plastique est ridé par endroits.

7 Quand la chauve-souris est
correctement assemblée et que ses
yeux sont secs, peins-la en noir à la
gouache ou à la peinture acrylique. Attention !
Laisse les yeux blancs pour plus d'effet.

CHAUVE QUI PEUT

Ces affreuses bestioles n'hésiteront pas à frôler le visage de celui qui osera franchir le seuil de ta chambre sans y avoir été invité !

Pour que les ailes brillent, enduis-les de colle et saupoudre-les de brillants.

Prêtes à voler

Fabrique une armée de chauves-souris et scotche une ficelle au dos de chacune. Puis demande à un adulte de t'aider : suspendez-les au plafond de ta chambre. Bientôt, elles s'envoleront...

Dessine-leur deux crocs pour qu'elles aient l'air féroces.

Peins l'intérieur des oreilles d'une couleur différente.

Attaque nocturne

Suspendues au plafond, ces chauves-souris terroriseront tes amis ! Sous un rayon de lune, c'est encore plus effrayant ! Tu peux aussi utiliser du papier fluo pour les faire briller dans la pénombre !

N'oublie pas de peindre le dessous de ta bestiole.

Dessine-leur de belles veines roses... Beurk !

! Monsieur Bricolo
● Derrière une vitre, la chauve-souris fera un « effet diabolique » ! Le moment idéal, c'est quand le jour tombe…

Si tu préfères une chauve-souris plus « voyante », peins-lui les ailes d'une couleur vive.

Pour impressionner, il te faut au moins trois chauves-souris. Plus on est de fous, plus on s'amuse !

Imagine le bruit du battement des ailes lorsqu'on ouvrira la porte de ta chambre !

Le piège !
N'ébruite pas la rumeur de ton élevage de chauves-souris, tu risquerais de détruire l'effet de surprise et la bonne blague qui attendent les intrus !

Dangereuses pendaisons
N'oublie pas que les chauves-souris dorment à l'envers. Suspends par les pieds au plafond !

De gros yeux globuleux lui donneront un regard encore plus terrifiant.

ASTUCES

Avec ce livre, tu as maintenant tout ce qu'il te faut pour piéger ceux qui mettent leur nez partout, et surtout dans ta chambre ! Avant de te quitter, voici quelques dernières petites astuces... top secret !

Un vieux truc

Un vieux truc très efficace, c'est le cheveu ! Arrache-toi un cheveu. Aïe ! Mouille-le. Beurk ! Fixe-le discrètement en travers de la fermeture d'une porte ou d'un tiroir. Si le cheveu a disparu à ton retour, tu auras la preuve de l'effraction !

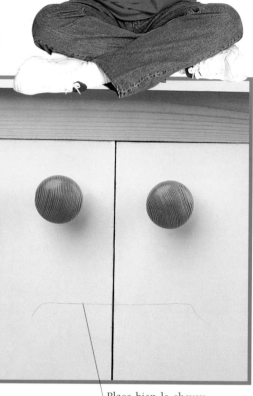

Place bien le cheveu en travers de la porte.

L'encre invisible

Si tu as un message secret à écrire, le mieux, c'est l'encre invisible ! Pour cela, il faut un pinceau fin et du jus de citron. Explique à ton destinataire comment lire le message mais surtout, ne divulgue pas le truc à n'importe qui !

Repasse avec un fer tiède sur le message pour le faire apparaître comme par magie.

1 Trempe le pinceau dans du jus de citron. Écris ton message. Laisse sécher. Envoie-le à un ami qui le déchiffrera à l'aide d'un fer à repasser (avec l'aide d'un adulte !).

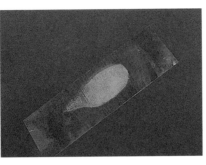

Coupable ou non coupable ?

Voici un autre moyen de piéger les curieux ! Si tu mets du talc sur tes objets préférés, le coupable y laissera ses empreintes... Couvre-les d'un bout de scotch tape que tu colleras sur du papier noir. L'empreinte apparaîtra alors et tu auras ainsi la preuve flagrante du délit !

Inscris le nom de chaque membre de la famille en face de ses empreintes.

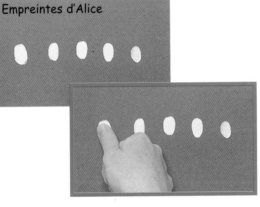

Empreintes d'Alice

Prendre les empreintes

Prends les empreintes de tous les membres de ta famille, y compris les tiennes. Trempe-leur le doigt dans de la peinture et presse-le sur du papier. Avec ces marques, il te sera facile de déterminer qui est le coupable !

Les trucs d'un vieux pro

Voici un vieux truc d'espion : récupère un vieux journal, perce deux trous à l'endroit des yeux et fais semblant de lire tandis que tu surveilles de près ton suspect.

index